जीवन-पर्याय

अर्थ की खोज में.....

Dr. Divya Joshi

BookLeaf Publishing

India | USA | UK

Made with ❤ on the BookLeaf Publishing Platform
www.bookleafpub.in
www.bookleafpub.com

Dedication

यह पुस्तक "जीवन पर्याय" समर्पित है—

मेरे गुरुओं को, जिनकी शिक्षाओं और दृष्टिकोण ने मुझे आत्म-बोध और जीवन का सही अर्थ समझाया।

मेरे दादा-दादी, नाना-नानी, माता-पिता, और परिवार को, जिनका प्रेम, मार्गदर्शन और समर्थन मेरी प्रेरणा रहे।

मेरे भाइयों, बहनों और दोस्तों को, जिन्होंने जीवन जीने की कला को सिखाया, संवारा और संजोया।

और मेरे प्रिय "शेरू" को, जिसने निस्वार्थ स्नेह का अद्भुत रूप दिखाया।

और उन सभी विशेष लोगों को, जिनका नाम यहाँ नहीं आ सका, पर जिनका मौन सहयोग और स्थायी उपस्थिति मेरे जीवन की अदृश्य शक्ति रही है—आपका भी हृदय से आभार।

आप सभी का स्नेह और आशीर्वाद ही मेरी इस यात्रा की आधारशिला हैं।

Preface

"जीवन पर्याय" एक काव्य-संग्रह है जो जीवन के अनदेखे पहलुओं को उजागर करता है। यह संग्रह उन विचारों, संवेदनाओं और संघर्षों का प्रतिनिधित्व करता है जो हम सभी अपने जीवन में कभी न कभी महसूस करते हैं। हर कविता एक यात्रा है—कभी गहरी सोच की, कभी दर्द की, तो कभी प्रेम और विरह की। शब्दों के बीच छिपी गहरी सच्चाइयाँ हमारे भीतर की अनकही आवाज़ों को व्यक्त करती हैं।

"जीवन पर्याय" का अर्थ है "जीवन के विभिन्न रूप या पहलू," क्योंकि जीवन कभी एक ही दिशा में नहीं बहता। यह संग्रह उन बदलावों और अनुभवों का प्रतीक है जो हम जीवन में महसूस करते हैं, जिन्हें अक्सर हम अनदेखा कर देते हैं। इन कविताओं के माध्यम से मैं चाहती हूँ कि आप जीवन के अनदेखे रंगों को महसूस करें और इसे अपनी यात्रा के रूप में देखें।

— [डॉ. दिव्या जोशी]

Acknowledgements

मैं इस काव्य-संग्रह *"जीवन पर्याय"* को आकार देने में सहयोग देने वाले अपने सभी गुरुओं का हृदय से आभार व्यक्त करती हूँ। उनके मार्गदर्शन, प्रेरणा और समर्थन के बिना यह संग्रह संभव नहीं हो पाता। साथ ही, मेरे परिवार, मित्रों और समर्पित पाठकों का स्नेह और विश्वास मेरे लिए अनमोल रहा है। उनके बिना यह यात्रा अधूरी रह जाती।

उनके ज्ञान और दृष्टिकोण ने मुझे जीवन के अनदेखे पहलुओं को समझने और उन्हें शब्दों के माध्यम से व्यक्त करने की शक्ति दी।

मैं उन सभी की आभारी हूँ जिन्होंने मुझे यह सिखाया कि हर संघर्ष, हर संवेदना को स्वर और शब्द देना न केवल अभिव्यक्ति है, बल्कि आत्म-उद्धार का भी एक मार्ग है।

1. कविता क्यों?

जब मन तुम्हारा घिस जाएगा...
जीवन-चक्की में पिस जाएगा...
उठा कलम और कागज़, तब तुम रहना...
...वो बस "कविता" में रिस जाएगा...

2. कुर्सी

.....लेके दो मिनट का मौन......
फिर कोई चिल्लाया........
"कुर्सी" पर अगला कौन??

3. पता था?

जब डूबे थे इस कदर......
क्या पता था?
सतह पर आओगे तो लाश होगे?

4. "कल" से "कल" तक

भूले-भटके उड़ते ख़यालों में,
होता अचानक से आभास........
कितनी दूर चली आई मैं,
"कल" से दूर, "कल" के पास....

5. बदलाव

तुमको तुमसे अक्सर मिलना होगा,
हर बदलाव के दौरान.....
ताकि खो न दो खुद को,
उस बदलाव के बाद......

6. बताना ज़रूर....

अरे ओ कुएँ!
वो तो राहगीर था,
तुझे भरा देखा, तो पीने चला आया....
तू न हो हताश, बस सोच यही...
कुएँ में किसने घर बसाया??

7. घमंड किस बात का?

देह पर घमंड करने वाले...
कागज़ के फूल पर "भंवरों" को देखा है??
जो देखा भी हो तो,
कभी टिकते देखा है?

8. रिवाज़

"आधुनिक" दुनिया के अजीब रिवाज़,
रोइए खूब, बिन आवाज़!!

९. आख़िरी पत्ता

...और फिर वो "आख़िरी पत्ता" झड़ गया...
शायद पूरा पेड़ भी छोटा पड़ गया...
मौसम हुआ बदनाम, लगा लांछन...
पत्ते ने कहा, "नहीं! बस मन भर गया!"

10. बात सम्मान की

कोई नहीं बनाता स्वर्ग कहीं,
ना लाता चाँद-तारे...
सात फेरों का बंधन भी,
कटता सम्मान के सहारे....

11. फ़र्क है....

तुम में और मुझ में,
फ़र्क है बस इतना...
तुमने गुज़ार ली थी कैसे भी
और हम गुज़र गए थे...

12. किस्से मेरे

मेरे हिस्से के किस्से फुर्सत से सुनना,
दो अल्फ़ाज़ में तो बस "सब बढ़िया" ही है...

13. ख़राब हूँ!

क्या बताऊँ कितनी ख़राब हूँ......
मैं ज़ुबान तीखी, रूह लाजवाब हूँ........

14. जवाब

"कैसी हो?" का जवाब बनाना पड़ेगा आज,
आज कोई बैठ के बात करना चाहता है........

15. ईमानदारी से बताना

ईमानदारी से बताना एक बात,
रात कटी या काटी गई?
बवंडरों से लड़ते रहीं करवटें,
चोट पी ली गई या बाँटी गई?

16. खाली

इतना भर लेना है मुझे,
कि अंत में खाली हो जाऊँ.....
"काश" और "परंतु" न रहें फिर छोर,
इस तरह मन से समतल हो जाऊँ.....

17. "इश्क़" का बखान

हिली हुई इमारत का ऊपर का मकान,
कुछ ऐसा ही है "इश्क़" का बखान...

18. भाग्य का लिखा

"भाग्य का लिखा मिलता है"
संघर्ष के दौरान ये सोचा,
मुझे भाग्य में शायद "मेहनत" मिली है....

19. कगार

इतना दिया कि मर न जाऊँ,
इतना लिया बस "कगार" पर रहूँ!

20. नसीहतों के प्याला

चलो इस बार कुछ नया कर लिया,
नसीहतों के प्याले से,
एक घूँट मैंने भी पी लिया.........

21. तमगे

कामयाबी के तमगे,
कुछ इस तरह बाँटे गए,
कुछ रास्ते चले किसी ने,
कुछ चाटे गए......

22. सुख-दुख

अजन्मे हैं क्या भगवान?
पीड़ा नहीं क्या जननी उनकी?
गाँठें बनी उदासी की जब...
अर्जी भले लगाते किनकी?
सुख की देखो अद्भुत काया,
सनी हुई, डूबी हुई माया...
दुख का देखो एक ही गाना,
"हे प्रभु, अब तुम ही बचाना!"
"हे प्रभु, अब तुम ही बचाना!"

23. शुक्र है!

शुक्र है कुछ ख्वाहिशों के पर नहीं लगते,
कुछ छोटी पड़ जाती हैं हक़ के सामने...
शुक्र है कि स्लेट-सी ज़िंदगी है ये,
अधूरी-सी है, पर लिखने-मिटाने का मौक़ा भी है...
शुक्र है थोड़ा तड़का भी है इसमें दुख-दर्द का,
मेरे जीवन की डगर फीकी नहीं रही......
शुक्र है ज़िंदगी है मेरी ऐसी.....
शुक्र है ज़िंदा हूँ मैं!

24. तुम क्या हो?

अविश्वसनीय बोध हो तुम प्राण का,
दृढ़ कंपन हो ब्रह्मांड का...
तुम प्रीत की लताओं का पुष्प भी हो,
तुम शस्त्र भी हो सत्य के सम्मान का...
तुम प्राप्ति, तुम अनबुझी सी लालसा,
क्षणिक कृत्रिम संतुष्टि के जाल सा...
अश्रु की वेदना का परिचय तुम ही,
मुस्कुराहटों का मधुर संचय तुम ही...
तुम तो बाधित पर परस्पर मुक्त भी,
तुम वैराग्य का अर्क पी रहे, संसार से युक्त भी...

25. मुद्दे की बात

मायावी घुंघरू बाँध, भ्रम के आँगन में नाच रहे हैं,
रख खंजर इंसानियत की गर्दन पर, कथा बाँच रहे हैं...
कुछ तोड़, अब कुछ जोड़ने लगे हैं,
दे आहुति सपनों की, अब मुँह मोड़ने लगे हैं...
"स्थायित्व" अब एक सपने समान है,
मिनटों की चेहचहाहट अब शायद इसी का परिणाम है...
"बरनी" ये ज़िंदगी की, सामान मिलावटी बहुत है,
पर छोड़ो मुद्दे की बात! देखो, सजावटी बहुत है...
पानी अब इस झरने का स्रोत से मैला हो चुका है,
आबादी का हो सैलाब, पर आदमी अकेला हो चुका है...

26. जीवन एक कला

तुम्हारा जन्म लेना बेशक विज्ञान हो,
तुमने जीना हमेशा "कला" ही रहेगा...

27. तो क्या!

तुम पर ठहर भी जाऊँ तो क्या,
तुम पर बिखर भी जाऊँ तो क्या...
तुम मंज़िल नहीं, मंज़िल से हो,
तुमसे एक दिन उखड़ भी जाऊँ तो क्या...

28. प्रेम में

प्रेम में एक दिन संयमित व्याकुलता
और व्याकुल संयम का युद्ध हुआ,
फिर... दोनों हारे,
"विरह" के मारे....

29. किसकी सुविधा?

आज़ाद परिंदे को बहलाया गया,
पिंजरा सोने का दिखलाया गया...
सुविधा का एहसास कराया गया,
"किसकी सुविधा?" – छुपाया गया...

30. मैं...

असाधारण सी भीड़ में, साधारण सी मैं,
कारणों की खोज में, अकारण सी मैं!